L'AMOUR VENGÉ

OPÉRA-COMIQUE

Représenté pour la première fois

au THÉÂTRE NATIONAL DE L'OPÉRA-COMIQUE, le 31 décembre 1860.

———————

Direction de M. PARAVEY.

DU MÊME AUTEUR

THÉÂTRE :

PARTIE CARRÉE, opéra-comique en un acte, musique de Rod. Lavello.

RACINE A PORT-ROYAL, comédie en un acte, en vers.

LE VIEUX CORNEILLE, comédie en un acte, en vers.

LA CONSPIRATION DU GÉNÉRAL MALET, drame historique en cinq actes et un prologue; collaborateurs : MM. d'Horville et G. Richard.

IMPRIMERIE CHAIX, RUE BERGÈRE, 20, PARIS. — 28064-12-00.

LUCIEN AUGÉ DE LASSUS

L'AMOUR VENGÉ

OPÉRA-COMIQUE
EN DEUX ACTES, EN VERS

MUSIQUE DE

L. DE MAUPEOU

OUVRAGE COURONNÉ AU CONCOURS CRESSEN

C · L

PARIS
CALMANN LÉVY, ÉDITEUR
ANCIENNE MAISON MICHEL LÉVY FRÈRES
3, RUE AUBER, 3
—
1890

PERSONNAGES

JUPITER	MM. Carbonne.
SILÈNE	Fugère.
L'AMOUR, travesti	Mlle Chevalier.
ANTIOPE	Mme Bernaert.

CHOEUR : FAUNES, NYMPHES, MÉNADES, BERGERS.

L'AMOUR VENGÉ

ACTE PREMIER

Un bocage riant et fleuri. — Bosquet touffu et formant berceau, à gauche. Un banc de gazon tout à côté. — A droite, vieux chêne.

SCÈNE PREMIÈRE

JUPITER, L'AMOUR, Faunes, Nymphes, Bergers, Bergères.

Jupiter se tient isolé sur la gauche, premier plan. — L'Amour, debout sur la droite, est entouré de nymphes et de bergers qui le maîtrisent et le retiennent.

LE CHŒUR.

Il est pris, l'oiseau volage
Qui défiait l'oiseleur !
A peine s'il paraît l'âge
D'un jeune enfant dans sa fleur ;
Mais il est d'humeur cruelle,
    Et je ris
    De ses cris ;
C'est en vain qu'il bat de l'aile,
Il est pris, l'Amour est pris !

1

JUPITER, s'adressant à l'Amour.

Oui, je condamne et je châtie.
Amour ! cruel Amour, tu mets tout en émoi ;
Mais enfin Jupiter a gagné la partie.
Ton insolence est avertie
Qu'il en peut coûter cher de se railler de moi !

L'AMOUR.

O Jupiter ! je t'en conjure,
Pardonne, je suis un enfant.

JUPITER.

Non ! non ! Jamais ! je te le jure ;
Un juste orgueil me le défend.

L'AMOUR.

Seul j'attendris les cœurs rebelles ;
Mais les dieux mêmes sont ingrats,
Et cependant tu te rappelles
Combien de belles
J'ai fait soupirer dans tes bras.

ENSEMBLE

L'AMOUR.

Pardonne-moi, je t'en conjure !
Pardonne ! je suis un enfant !

JUPITER.

Non ! non ! Jamais ! je te le jure ;
Un juste orgueil me le défend.

L'AMOUR.

Hélas ! hélas ! Tu vois mes larmes,
Mes yeux ne savaient pas pleurer.

JUPITER.

Et moi je trouve quelques charmes
A tes alarmes ;
Rien ne te sert de m'implorer.

S'adressant au chœur.

Voyez, le voilà tout en larmes,
Lui qui fait gémir et pleurer !

LE CHŒUR.

Ah! ah! Le voilà tout en larmes,
Lui qui fait gémir et pleurer !

JUPITER.

C'est un méchant ! c'est un impie !

LE CHŒUR.

C'est un méchant! c'est un impie !

L'AMOUR.

Grâce !

JUPITER, LE CHŒUR.

Non ! non !

L'AMOUR.

Pitié !

JUPITER, LE CHŒUR.

Non ! non !

JUPITER.

Il est trop juste qu'il expie.

JUPITER, LE CHŒUR.

Point de pardon ! point de pardon !

L'AMOUR VENGÉ.

L'AMOUR.

Grâce !

JUPITER, LE CHŒUR.

Non ! non !

L'AMOUR.

Pitié !

JUPITER, LE CHŒUR.

Non ! non !

L'Amour se débat et pleure de sa rage impuissante.

JUPITER.

Voyez comme il enrage !

LE CHŒUR.

Voyez comme il enrage !

JUPITER, railleur.

Patience ! Courage !

LE CHŒUR.

Il enrage ! Il enrage !

L'AMOUR.

Il n'est pas de bonheur sans moi.
Je suis l'Amour !

JUPITER.

Tais-toi ! tais-toi !

LE CHŒUR.

C'est un méchant, c'est un impie !
Il est trop juste qu'il expie !
Pas de pardon ! Pas de pardon !

L'AMOUR.

Grâce !

LE CHOEUR.

Non ! non !

L'AMOUR.

Pitié !

LE CHOEUR.

Non ! non !

ENSEMBLE

JUPITER, LE CHOEUR.

Il est pris, l'oiseau volage
Qui défiait l'oiseleur !
A peine s'il paraît l'âge
D'un jeune enfant dans sa fleur ;
Mais il est d'humeur cruelle,
Et je ris
De ses cris.
C'est en vain qu'il bat de l'aile.
Il est pris ! L'Amour est pris !

L'AMOUR.

Vous prenez l'oiseau volage,
Il châtira l'oiseleur !
C'est l'espoir qui me soulage.
Vous paierez cher mon malheur ;
Car je suis d'humeur cruelle,
Je me ris
De vos cris,
Si je fuis à tire d'aile,
Vous verrez qui sera pris !

Sur un geste de Jupiter, l'Amour est entraîné et enchaîné à l'arbre qui se dresse
à gauche.

JUPITER, congédiant l'assistance.

Allez ! mais si quelqu'un de vous avait l'audace
De délivrer le prisonnier,
Qu'il n'espère à son tour de pardon ni de grâce ;
Le jour qui nous sourit lui serait le dernier !

Faunes et Bergers se dispersent en s'éloignant.

LE CHŒUR, voix décroissantes.

Il est pris, l'oiseau rebelle,
Et je ris
De ses cris ;
C'est en vain qu'il bat de l'aile.
Il est pris, l'Amour est pris !

SCÈNE II

JUPITER, L'AMOUR.

JUPITER, il s'approche de l'Amour resté enchaîné.

Te voilà tout honteux !... Plus un mot ! Pas un signe !
Railleur.
Qui l'emporte, dis-moi ! Ton pouvoir ou le mien ?

L'AMOUR, humble.

Je ne résiste plus, mon maître.

JUPITER.

Et tu fais bien !

L'AMOUR.

Je me soumets et me résigne.
A part,
En attendant.

JUPITER.

Tu dis ?

L'AMOUR.

Rien !... Je soupire ! Hélas !

JUPITER.

Tu sais que je suis las
De tes impertinences folles ;
Et tes soupirs et tes paroles
Sont de vaines chansons qui ne me touchent pas.

L'AMOUR.

Hélas !

JUPITER.

Le monde entier demande une réforme,
Les bonnes mœurs s'en vont.

L'AMOUR.

Et tu t'en plains ! C'est mal !

JUPITER.

Je veux de la tenue à ma cour.

L'AMOUR.

Pour la forme ?

JUPITER.

Pour le fond.

L'AMOUR.

Le caprice est fort original.
Le ciel même sans moi serait inhabitable.

JUPITER.

Je te bannis du céleste séjour.

L'AMOUR.

Je veux avant demain que tu sois plus traitable,
L'exil du gentil dieu d'amour
Ne peut durer tout l'espace d'un jour.

JUPITER.

Enfin, pour parler franc, je crains quelque disgrâce,
Et si dieu que l'on soit, on a ses ennemis.
Les hommes, j'en conviens, sont une sotte race ;
Mais déesses et dieux nous sommes compromis.
Donnons au genre humain de plus nobles exemples !
Ménageons les naïfs bâtisseurs de nos temples !
Qui pourrait nous en tenir lieu ?
C'est le croyant qui fait le dieu.

L'AMOUR.

Voilà de la philosophie,
Sotte science et dont je me défie.
Le plus faux de nos dieux n'est-il pas la raison?

JUPITER.

Il se peut, mais enfin médite la leçon !

L'AMOUR.

Nous sommes seuls ; reprends cette chaine maudite !
Délivre-moi !

JUPITER.

Non ! non ! Médite, enfant, médite !
C'est si beau la sagesse, et si beau le devoir !

L'AMOUR.

Et cela doit durer?...

JUPITER.

Très longtemps ! Au revoir !

Jupiter sort.

SCÈNE III .

L'AMOUR, enchaîné.

Oui, certes ! au revoir ! J'y compte, mon cher maître !
Je doute en vérité si j'ai bien entendu.
Monseigneur Jupiter craint de se compromettre,
  Et c'est de la vertu
Qu'il attend le retour du prestige perdu.
  Junon la prude, une altière pécore,
   J'en suis certain, me vaut encore
   Le coup qui m'accable aujourd'hui.
Mais je me vengerai d'elle comme de lui.
Bergers ! Faunes ! Sylvains ! l'Amour pleure et supplie !
Seul, je donne un bonheur qui jamais ne s'oublie ;
  N'est-il pas temps de vous armer ?
Quittez les prés fleuris et les forêts prochaines !
   Venez briser mes chaînes !
Je n'ai rien fait qu'aimer et que vous faire aimer.

SCÈNE IV

L'AMOUR, Le Chœur, puis SILÈNE.

LE CHŒUR.

Hors de scène.

  Évohé ! Évohé !
Chantons Bacchus : Chantons Silène !
Silène est le plus grand des dieux ;
C'est lui qui sait boire le mieux,
  Et sans reprendre haleine.

1.

Chantons ! Dansons jusqu'à demain !
Chantons! Dansons, le tyrse en main !
Silène jamais ne s'étonne.
La foudre gronderait en vain.
Il est rouge comme le vin,
            Ventru comme une tonne !
Chantons ! Dansons jusqu'à demain ⸗
Chantons ! Dansons, le tyrse en main !

        Entre Silène escorté et soutenu de quelques bacchantes.

    SILÈNE, s'adressant au chœur resté hors de scène.

La cantate me plaît, je vous en remercie.
Mais la gloire à la fin fatigue et rassasie.
            Qu'on me laisse en repos !

            L'AMOUR, à part.

        A cette trogne
        De maître ivrogne,
Je reconnais Silène; il arrive à propos.

    SILÈNE, sans voir l'Amour. Il tient une amphore.

Boire c'est un travail, boire c'est une étude
            Qui veut la solitude
            Et la tranquillité ;
Et c'est assez de moi pour boire à ma santé !

            Il redescend la scène et congédie sa suite.

    Lorsque Bacchus, mon digne élève,
    Allait conquérir l'Orient,
    Je lui dis tout bas, souriant :
    Pourquoi s'embarrasser d'un glaive ?
    Prenez du vin ! beaucoup de vin !
    Ayez toujours une outre pleine !
    La terre s'armerait en vain.
    Suivez le conseil de Silène !

        Silène presse tendrement son amphore dans ses bras.

N'est-il pas vrai, ma douce amphore ?
O mon amante sans rigueur !
Viens dans mes bras, viens sur mon cœur !
Tes pleurs ont des reflets d'aurore.
Pleure du vin, beaucoup de vin ;
Mais quand tu serais toujours pleine,
Ma chère, tu voudrais en vain
Remplir la panse de Silène !

L'AMOUR, gémissant.

A moi ! Grâce ! Au secours ! On ne viendra donc pas !

SILÈNE.

Quelle triste chanson !... Et que vois-je là-bas ?
Apercevant l'Amour.
Par Bacchus, si le vin ne trouble ma cervelle,
Voici chose nouvelle !
Cupidon prisonnier ! Le petit Cupidon !

L'AMOUR.

A l'aide !

SILÈNE, s'approchant de l'Amour.

Que fais-tu, lié contre cet arbre ?
Je te prenais d'abord pour un Therme de marbre.

L'AMOUR, simulant l'étonnement.

Ah ! Silène ! pardon !
Je ne te voyais pas.

SILÈNE.

Explique-toi de grâce !
Eh quoi ! l'Amour est en disgrâce !
Mais c'est monde renversé !

L'AMOUR.

Si tu savais tout ce qui s'est passé
Tu me plaindrais.

SILÈNE.

Eh bien ! Parle, j'écoute !

L'AMOUR.

Je souffre, et c'est pour toi.

SILÈNE.

Comment ! pour moi !

L'AMOUR.

Sans doute

Tout à l'heure, à l'abri de ces ombrages verts,
Les nymphes célébraient ta gloire.

SILÈNE.

En prose ?

L'AMOUR.

En vers !

SILÈNE.

C'est le moins qui m'est dû.

L'AMOUR.

Quel vieux fou, ce Silène !
On ne sait, disait l'une aux longs cheveux d'ébène,
De son âne ou de lui lequel est le plus sot.

SILÈNE.

Péronnelle !

L'AMOUR.

Arrêtez ! ai-je dit aussitôt ;
Ce Silène a plus de sagesse,
Seule véritable richesse,
Que vous n'aurez jamais, j'en suis sûr, de vertu.

SILÈNE.

Médiocre compliment !

L'AMOUR.

Mais à l'instant battu,
Comme on ne ferait pas du dernier des esclaves,
Je fus chargé d'entraves ;
Et c'est toi qui me vaux tous mes malheurs.

SILÈNE.

Crois-tu ?
Tu mens ! Mais après tout, qu'importe, si tu songes
A quelque nouveau tour !
Si tu n'avais plaisir à faire des mensonges,
Nous verrions s'envoler les plus beaux de nos songes
Et tu ne serais pas l'Amour.
Je vais te délivrer.

Il s'approche de l'Amour, puis s'arrête.

L'AMOUR.

Fais vite !

SILÈNE.

Mais tu jures
Par le Styx...!

L'AMOUR.

Par le Styx...!

SILÈNE.

Entends-tu ? Je le veux.

L'AMOUR, à part.

De venger mes injures.

SILÈNE.

D'accomplir sur-le-champ le premier de mes vœux.

L'AMOUR.

Je le jure, c'est dit !

SILÈNE.

C'est fait!

Il détache et jette à l'écart les chaînes de l'Amour.

L'AMOUR, délivré.

Je te rends grâces!
Au revoir, bon Silène!

Fausse sortie.

SILÈNE, le rappelant.

Eh! là-bas! Un moment!
Est-ce ainsi que tu t'embarrasses
Du soin de remplir ton serment?

L'AMOUR.

Enfin, que me veux-tu? Parle!

SILÈNE.

Je veux qu'on m'aime!

L'AMOUR.

Hein! que dis-tu?

SILÈNE.

Je veux qu'on m'aime!

L'AMOUR.

Toi!

SILÈNE.

Moi-même!

L'AMOUR.

D'amour?

SILÈNE.

Oh oui! d'amour!
Je me donne à toi sans retour

L'AMOUR.

Non! Grand merci! quand vient ton âge,
On se réforme et se ménage.

SILÈNE.

J'ai l'immortalité des dieux;
Donc, je suis toujours jeune.

L'AMOUR, à part.

Ou plutôt toujours vieux !

DUO

SILÈNE.

A Phébus quand Phébé succède...

L'AMOUR.

Tu dors et ronfles bruyamment.

SILÈNE.

Oui, mais parfois aussi je cède
Aux grâces d'un rêve charmant.

L'AMOUR.

Et que vois-tu dans ce beau rêve?

SILÈNE.

Ah ! mon ami, ce que je vois!
Je n'ose te le dire.

L'AMOUR.

Achève !

SILÈNE.

Je vois des yeux, j'entends des voix.

L'AMOUR.

Que font les yeux?

SILÈNE.

Ils me regardent,
Pleins de tendresse et d'abandon.

L'AMOUR.

Que font les voix?

SILÈNE.

Elles me gardent
Des chants d'amour et de pardon.
C'est un soupir, c'est un murmure
Qui vole et fuit, tout bas, tout bas;
L'écho me dit, sous la ramure,
De petits noms qu'on ne dit pas.

L'AMOUR.

Mais tout cela marche à merveille;
Silène, de quoi te plains-tu?

SILÈNE.

Hélas! hélas! je me réveille,
Et tout mon bonheur est perdu.

L'AMOUR.

Je t'ai compris, Silène, et je tiens ma parole;
Ma complaisance est folle,
Mais j'en suis coutumier.
Tu seras le chasseur, je serai le limier.

SILÈNE. — L'AMOUR.

Oui, c'est Silène
Qu'il faut aimer!

Il va sans peine
Plaire et charmer.
Déesse ou femme,
Soumettez-vous !
Que tout s'enflamme
D'un feu si doux !
C'est une fête
Digne des dieux !
Votre défaite
Est dans vos yeux ;
Car c'est Silène
Qu'il faut aimer.
Il va sans peine
Plaire et charmer.

L'AMOUR.

Je te destine,
Selon tes vœux,
Bouche mutine
Prompte aux aveux,
Épaule ronde,
Airs innocents,
Naïve et blonde
Comme à seize ans.

SILÈNE.

C'est cela même !
O mon trésor !
Mon cœur qui t'aime
T'appelle encor.
Famine et jeûne,
C'est se moquer !
Je me sens jeune
A tout croquer.

SILÈNE, L'AMOUR.

Oui, c'est Silène
Qu'il faut aimer!
Il va sans peine
Plaire et charmer.
Déesse ou femme,
Soumettez-vous!
Que tout s'enflamme
D'un feu si doux!
C'est une fête
Digne des dieux!
Votre défaite
Est dans vos yeux;
Car c'est Silène
Qu'il faut aimer;
Il va sans peine
Plaire et charmer!

Chantons! chantons à perdre haleine!
Chantons les plus beaux de nos jours!
Gloire au vainqueur! Gloire à Silène!
Et vivent! vivent nos amours!

SILÈNE.

Cher camarade, un dernier mot!
C'est toi qui choisiras; mais tu me réponds d'elle?

L'AMOUR.

Moi!

SILÈNE.

Sans doute! J'entends qu'elle me soit fidèle.

L'AMOUR.

Ah! Silène, à la fin, c'est en demander trop!

Je ne garantis rien. Je ne saurais te faire
            Serment si hasardeux.
Que l'on t'aime tout seul, ou que vous soyez deux,
Plus encore, après tout, ce sera ton affaire.

SILÈNE.

      Soit! Je n'insiste pas.
Je me sens aujourd'hui d'humeur toute gaillarde,
Et si je ne craignais le ciel qui me regarde,
          J'esquisserais un nouveau pas, |
Quelque Pyrrhique folle, image des combats.
A bientôt!

L'AMOUR.

      A bientôt !

                    Silène sort dansant et trébuchant.

SCÈNE V

L'AMOUR, puis ANTIOPE.

L'AMOUR, seul.

          La tâche est difficile
Que m'impose le vieux barbon.
      Il veut qu'on l'aime pour de bon!
L'amour, ami Silène, est d'humeur indocile.
Il faudra, c'est encor plus que je ne voudrais,
          Te contenter à moins de frais!
L'espace d'un matin le dieu qui te seconde,
Te permet d'égarer une âme vagabonde;
Mais au cristal des eaux si tu pouvais te voir,
Tu n'oserais jamais espérer davantage.

Donner le gai printemps à l'hiver en partage,
        Cela dépasse mon pouvoir !
Libre ! Enfin ! Je suis libre et prêt pour la bataille !
Jupiter, à nous deux !... Que vois-je ? Qui vient là ?

Antiope entre ; elle marche lentement, rêveuse, préoccupée. — Orchestre.
Observant.

        Pieds mignons, fine taille,
Bras blancs comme l'ivoire, et vraiment tout cela
Respire un doux parfum de grâce et d'innocence.
Je ne la connais pas ; nous ferons connaissance,
Car mes yeux sont charmés et mon cœur ébloui
        De ce printemps tout frais épanoui.
Vite ! A l'affût !

L'Amour se dérobe et reste à l'écart. — Antiope redescend la scène.

ANTIOPE.

        Restons ! J'aime cette retraite,
Ces bois silencieux où tout vient s'apaiser.
Plus de regards jaloux, plus d'oreille indiscrète,
        Et tout m'invite à reposer...

Elle se rapproche du banc de gazon, puis s'arrête

Quel bruit sous la feuillée ! On me guette, je tremble...
        Et j'entends, il me semble,
        Le rire moqueur d'un Sylvain...

Regardant de ci de là.

Personne cependant ! Je m'inquiète en vain.
C'est quelque rossignol qui prélude et qui chante
Là-bas, près du ruisseau, sur la rive penchante,
Et son bonheur s'exhale en un concert divin...
Hélas ! qui me rendra ma gaîté coutumière ?
Mes yeux appesantis redoutent la lumière.
        Un beau jour me sourit pourtant.
Moi, je ne souris plus... Sommeillons un instant !

L'Amour se rapproche d'Antiope. Languissante, elle va s'étendre sur le banc de gazon.

L'AMOUR.

Dors en paix, jeune fille!
Chère enfant, dors en paix!
Aux ombrages épais
Où ta beauté scintille!
Tu subiras ma loi;
L'amour est là qui veille.
Je le sais mieux que toi;
Déjà ton cœur s'éveille.
Si l'amour fait pleurer,
C'est le bonheur suprême.
En murmurant : je t'aime!
Qu'il est doux d'expirer!
Dors en paix, jeune fille!
Chère enfant, dors en paix!

Regardant hors de scène et apercevant Jupiter.

Jupiter!... Battons en retraite!
Ma vengeance s'apprête.
J'ai tendu mes filets; maître, tu peux entrer.
Mais ce n'est pas, je crois, l'instant de me montrer.

L'Amour s'enfuit. Entre Jupiter.

SCÈNE VI

ANTIOPE, endormie, JUPITER.

JUPITER, sans voir Antiope.

N'aurai-je pas manqué de prévoyance?
J'en ai l'expérience;
L'amour n'est jamais si puissant
Que pleurant, gémissant.

A peine est-on guéri de sa blessure,
Que l'on a bientôt fait de le dire innocent.
La haine d'un époux outragé me rassure.
          Je sais qu'à mon cher fils Vulcain
Le perfide a joué certain tour de coquin.
Ce geôlier-là lui garde une prison plus sûre.
          Vulcain n'est pas des gens
Qui prodiguent chez eux les pardons indulgents;
Et cette fois l'Amour...

Jupiter s'est approché du chêne où l'Amour était attaché.

          Ah! bien oui! plus personne!
Pendant que Jupiter raisonne et déraisonne,
Il s'envole, le traître; il fuit, l'audacieux!
Je le retrouverai, quand ma juste colère,
          Pour lui payer digne salaire,
Devrait briser le monde et jeter bas les cieux.

Il cherche, irrité, furieux, puis s'arrête tout à coup. Il vient d'apercevoir Antiope couchée et sommeillant. — Orchestre.

Qui donc est là couchée? Une enfant qui sommeille.
Silence! Qu'elle est belle! Approchons!... Ses bras nus
Ont de charmants contours, et sa bouche vermeille
Sourit comme à l'espoir de bonheurs inconnus.
          Quel trouble! tout mon sang se glace!

L'Amour reparaît rôdant derrière les bosquets; il s'approche de Jupiter.

Malgré moi, je me sens auprès d'elle emporté.

          L'AMOUR, *désignant Jupiter d'un geste rapide.*

A toi!

Il fuit aussitôt.

          JUPITER.

Que de candeur! de jeunesse! de grâce!
Mes désirs furieux dévorent sa beauté.

Jupiter, hors de lui, brusquement embrasse Antiope.

Ah! c'est du feu!... Fuyons!... Mais non, elle s'éveille.

Antiope, réveillée, se lève, et confuse, inquiète, semble sortie d'un rêve.

ANTIOPE.

Où suis-je? je ne sais si je dors ou je veille

Apercevant Jupiter.

Quelqu'un auprès de moi!... je tremble!

Antiope veut s'enfuir. Jupiter la retient.

JUPITER.

Reste encor!

O belle enfant, je t'en conjure!
Est-ce te faire injure
De contempler ce cher trésor,
Tes grands yeux pleins d'azur et tes longs cheveux d'or ?
Qui donc est-tu? Réponds-moi, jeune fille!

ANTIOPE.

Antiope est mon nom; je n'ai pas de famille.

JUPITER.

D'où venais-tu?

ANTIOPE.

Des champs où l'on fait la moisson.
Je cueille les épis qu'épargne la faucille;
Et les gais moissonneurs m'apprennent leur chanson.

JUPITER.

Antiope, je t'aime!

ANTIOPE.

Vous m'aimez, dites-vous. Qu'est-ce donc que l'amour?

JUPITER.

Aimer! c'est une loi suprême

C'est passer tour à tour
Dans l'espace d'un jour
Du désespoir à la tendresse,
Et de la joie à la tristesse.
C'est planer dans les cieux,
Enfin, c'est oublier moi-même
Que je suis Jupiter et le plus grand des dieux,
Pour dire en soupirant, mes yeux dans tes beaux yeux:
Antiope, je t'aime!

ANTIOPE.

Quoi! vous seriez?...

JUPITER.

Le dieu qui dans ses mains
Porte les destinées
Des dieux et des humains,
Le dieu pour qui jamais les fleurs ne sont fanées.

ANTIOPE.

Ah! pardonnez, seigneur!...

Elle s'incline, tremblante, devant Jupiter.

JUPITER.

Te pardonner, enfant!
Quoi donc? Ta beauté, ma tendresse!
Ton printemps embaumé qui passe triomphant,
Ton regard où sourit la plus charmante ivresse!
Dis-moi qu'un jour tu m'aimeras!
Je serai plus qu'un dieu, si tu viens dans mes bras!

ANTIOPE.

Seigneur, je vous révère
Ainsi que je le dois.
Votre regard sévère
Donne au monde ses lois;

Mais vainement j'y songe
Et me parle tout bas,
Pourquoi faire un mensonge ?
Je ne vous aime pas.

JUPITER.

Ah ! que n'est-ce un mensonge ?
Suis-je tombé si bas ?
Laisse-moi ce beau songe
Si tu ne m'aimes pas.

ANTIOPE.

Mes chants, quand vient l'aurore,
Fêtent les immortels ;
Vous trouveriez encore
Mes fleurs sur vos autels.
Mais gardez vos largesses,
J'en suis indigne, hélas !
Puis-je aimer vos richesses !
Je ne vous aime pas.

JUPITER.

De mes folles tendresses
Est-ce le prix, hélas !
Qu'importent mes richesses !
Elle ne m'aime pas !

Cruelle enfant qui m'oses méconnaître,
Va-t'en ! Que maudit soit le jour qui te vit naître !
Va-t'en ! Va-t'en !

Jupiter furieux chasse Antiope qui s'enfuit..

SCÈNE VII

JUPITER, puis SILÈNE, LE CHOEUR.

LE CHOEUR, d'abord hors de scène.

Evohé! Evohé!
Chantons Bacchus! Chantons Silène!
Silène est le plus grand des dieux!
C'est lui qui sait boire le mieux,
  Et sans reprendre haleine!
Chantons! Dansons jusqu'à demain!
Chantons! Dansons, le tyrse en main.

Entre Silène, monté sur son âne. — Il est ivre et titubant. — Faunes, Bacchantes lui font escorte et le soutiennent, — Satyres et Ménades se précipitent autour de lui, dansant, agitant leurs tyrses, frappant tambourins et cymbales.

JUPITER.

Silène, où vas-tu?

SILÈNE.

Moi!... je vais aimer!

JUPITER.

                    Quel conte!
C'est profaner l'amour! Aimer! toi! Quelle honte!

LE CHOEUR.

Chansons! Dansons jusqu'à demain!
Chantons! Dansons, le tyrse en main!

SILÈNE.

Déesse ou femme,
Soumettez-vous!

Que tout s'enflamme
D'un feu si doux!
Car c'est Silène
Qu'il faut aimer!
Il va sans peine
Plaire et charmer.

LE CHŒUR.

Chantons Bacchus! chantons Silène!
Silène est le plus grand des dieux.
C'est lui qui sait boire le mieux,
Et sans reprendre haleine!

SILÈNE.

Aimer, c'est un plaisir, aimer, c'est un devoir.
Je suis le grand vainqueur!

JUPITER.

C'est ce qu'il faudra voir.

LE CHŒUR.

Evohé! Evohé!
Chantons! Dansons jusqu'à demain!
Chantons! Dansons, le tyrse en main!
Evohé! Evohé!

Silène passe, salué des acclamations de son escorte emportée
dans une folle ronde.

ACTE DEUXIÈME

SCÈNE PREMIÈRE

L'AMOUR.

Je suis l'Amour, je suis le maître!
Rien ne peut vivre que par moi;
Le plus sage est de se soumettre
    A cette loi.
Mon sourire efface les rides,
Je moissonne aux plaines arides
Des fleurs en toutes les saisons.
Rien n'est si doux que l'esclavage;
Il n'est pas de rocher sauvage
Qui ne réponde à mes chansons.

Les dieux passent comme l'aurore;
Combien de jours doit luire encore
Leur fragile immortalité?
Je suis le printemps, la jeunesse,
Il n'est que moi que tout connaisse;
Et seul je suis l'éternité!

SCÈNE II

L'AMOUR, JUPITER.

Jupiter entre, inquiet, troublé, sans tout d'abord apercevoir l'Amour.

L'AMOUR.

J'aperçois Jupiter... Il s'arrête, il chemine
De ci de là, sans savoir où,
Et gesticule comme un fou.
Dieux vengeurs! Quelle triste mine.

JUPITER, apercevant l'Amour.

C'est toi, bourreau?

L'AMOUR, railleur.

C'est moi!

JUPITER.

Te voilà?

L'AMOUR.

Me voilà!

JUPITER, irrité.

Tu t'es fait délivrer?

L'AMOUR.

Encor de la colère!

JUPITER, hésitant.

Non! et pourtant...

L'AMOUR, très calme.

Quoi donc?

2.

JUPITER.

Laissons cela !...

Insinuant.

Tu connais Antiope?

L'AMOUR.

Oui!

JUPITER.

Elle a su me plaire.

L'AMOUR, *négligemment.*

Elle est bien.

JUPITER.

Mais son cœur n'a pour moi que mépris.

L'AMOUR.

Vraiment!

JUPITER.

Cela t'étonne?

L'AMOUR.

Non!

JUPITER.

Insolent!... Tu veux que je pardonne?
Fais que je sois aimé, ta grâce est à ce prix.

L'AMOUR.

Que demandes-tu là?

JUPITER.

Tu refuses?

L'AMOUR.

Peut-être!
Tu ne saurais donc plus te faire aimer tout seul?
On en use avec toi comme avec un aïeul.

JUPITER.

J'ai dit.

L'AMOUR, très net.

Et moi je dis : c'est impossible, maître!

JUPITER.

Pourquoi?

L'AMOUR.

La place est prise. Elle aime!

JUPITER.

Qui? Quel traître?

L'AMOUR.

Silène!

JUPITER.

Silène!

L'AMOUR.

Oui!

JUPITER.

C'est me pousser à bout.
Tu railles!

L'AMOUR.

Pas du tout!
Les femmes ont parfois des caprices étranges!

JUPITER.

Silène! Oh!

L'AMOUR.

Il n'est pas que toi qui te déranges.
Silène a de l'esprit d'ailleurs, et selon moi,
Il est souvent plus amusant que toi.

JUPITER.

Comment croire jamais des sottises pareilles?

L'AMOUR.

Tu voudras bien en croire tes oreilles.

Regardant hors de scène.

Voici nos amoureux! Ils se donnent le bras.
Sous ces myrtes cachés, écoutons... Tu verras!

JUPITER.

Je me contiens à peine.

*Entre Silène tenant à son bras Antiope mollement appuyée. — L'Amour entraîne Jupiter
à l'écart et tous deux, sur la droite, se dissimulent.*

SCÈNE III

JUPITER, L'AMOUR, SILÈNE, ANTIOPE.

*Jupiter, l'Amour, groupés à l'écart, ne sont pas aperçus de Silène et d'Antiope, qui
tous deux entrent.*

SILÈNE.

Antiope, ma chère,
Il en est temps, reposons-nous!

ANTIOPE.

Jupiter n'est plus là?

SILÈNE.

Non!

ANTIOPE.

Quel affreux courroux!
On eût dit qu'il allait foudroyer ciel et terre.

SILÈNE.

Je le connais. Il a très mauvais caractère.

JUPITER, menaçant et prêt à s'élancer.

C'en est trop!

L'AMOUR, le retenant.

Tais-toi donc!

SILÈNE.

Il faut te méfier,
Pauvre brebis prête à sacrifier,
Jupiter est sans foi, sans âme, sans morale.
On n'est pas bien sévère dans les cieux;
Et cependant ses mœurs ont fait scandale
Jusque parmi les dieux.

JUPITER, hors de lui.

Misérable, je vais te donner la réplique.

L'AMOUR, le retenant.

Tu ne t'attendais pas à ce panégyrique.

SILÈNE.

Il est un autre dieu qui t'aime et te défend ;
C'est moi, car je suis dieu, mais un dieu bon enfant.

ANTIOPE.

Cela se voit si peu d'ailleurs, ne vous déplaise,
Que je suis près de vous tout à fait à mon aise.

SILÈNE.

Merci! Causons d'amour! veux-tu?

ANTIOPE.

Je le veux bien.

SILÈNE.

C'est si bon!

ANTIOPE.

On le dit, mais moi, je n'en sais rien.

ENSEMBLE

SILÈNE.

Dis comme moi : je soupire!
Je soupire et c'est charmant!

ANTIOPE.

Je soupire et c'est charmant!

SILÈNE.

Mais dis-le plus tendrement!

ANTIOPE.

Je soupire et c'est charmant!

L'AMOUR, SILÈNE.

Je soupire et c'est charmant!

UPITER.

Quel supplice! quel tourment!

SILÈNE.

Désormais je ne respire
Que pour toi, mon cher amant.

ANTIOPE.

Désormais je ne respire
Que pour toi, mon cher amant.

L'AMOUR, SILÈNE.

N'est-ce pas que c'est charmant?

JUPITER.

Quel supplice! quel tourment!

SILÈNE.

Le jeu d'amour nous rassemble,
Il doit te plaire ce jeu?

ANTIOPE.

Rien qu'à demi, ce me semble.

SILÈNE.

C'est déjà s'y plaire un peu.
Ce n'est pas tout, ma colombe.

ANTIOPE.

Pas tout?

SILÈNE.

Non, mon cher trésor!
Dis comme moi, je succombe!

ANTIOPE.

Je succombe! Je succombe!

SILÈNE.

D'une voix plus douce encor.

ANTIOPE.

Je succombe! Je succombe!

SILÈNE.

C'est parfait, mon cher trésor.

L'AMOUR.

Il l'appelle sa colombe!
Il l'appelle son trésor!

JUPITER.

Oh! j'enrage, je succombe!
Faut-il perdre un tel trésor!

SILÈNE.

Ce n'est pas tout, ma mignonne.

ANTIOPE.

Pas tout?

SILÈNE.

Vite un baiser !

ANTIOPE.

Non !

SILÈNE.

J'aurai ce baiser, friponne,
Ou bien j'y perdrai mon nom.

Silène veut saisir Antiope qui lui échappe et fuit.

ANTIOPE.

Non !

SILÈNE.

Si !

ANTIOPE.

Non !

SILÈNE.

Si ! si !

ANTIOPE.

Non! non !

Silène poursuit Antiope qui toujours lui échappe.

ENSEMBLE

SILÈNE.

Quoi ! La méchante m'évite!
Je me laisserais duper !
Antiope, pas si vite !
Laisse-moi te rattraper !

Je t'embrasserai, mignonne,
Ou j'y veux perdre mon nom.
Tes yeux m'ont dit : « Oui », friponne,
Si ta lèvre me dit : « Non ! »

L'AMOUR.

La coquette ne l'évite
Que pour se faire attraper.
Allons ! Silène, plus vite !
Ne te laisse pas duper !
Embrasse donc la friponne,
Ou j'y veux perdre mon nom.
Son doux regard te pardonne
Et dit oui, plutôt que non !

ANTIOPE.

Prenez garde ! Pas si vite !
Vous ne sauriez m'attraper.
Si je fuis et vous évite,
Je ne veux pas vous tromper.
Seul le baiser que l'on donne
De bon cœur est doux et bon ;
Croyez-vous que je pardonne !
Non ! C'est non, quand je dis non !

JUPITER.

Mon triste cœur bat plus vite,
Je ne saurais m'y tromper ;
C'est moi surtout qu'elle évite
Et je n'ose la frapper.
Oui, c'est moi qu'elle abandonne ;
Et j'y veux perdre mon nom,
Son doux regard qui pardonne,
Lui dit oui, plutôt que non !

ANTIOPE, toujours fuyant.

Non !

SILÈNE, toujours poursuivant.

Si !

ANTIOPE.

Non !

SILÈNE.

Si ! si !

ANTIOPE.

Non ! non !

SILÈNE, essoufflé, hors d'haleine.

Ouf ! Il le faut, j'y renonce !
Je n'en puis plus. Je suis mort.
Je tombe à tes pieds, prononce !
Et décide de mon sort !

Il tombe à genoux

ANTIOPE.

Levez-vous.

Elle se rapproche.

SILÈNE, avec effort.

C'est difficile !
M'y voici ! J'en viens à bout !

Il se relève.

ANTIOPE.

Désormais soyez docile,
Et plus de baiser surtout ?

SILÈNE.

Me voilà mis au régime !
Où s'en vont mes rêves d'or ?

ANTIOPE.

Nous pourrons dire sans crime
Comme tout à l'heure encor :
Je succombe et je soupire !
Je soupire, et c'est charmant !

SILÈNE.

Je succombe, je soupire !

ANTIOPE.

Dites-le plus tendrement !

SILÈNE, L'AMOUR.

Je soupire, et c'est charmant !

JUPITER.

Quel supplice ! Quel tourment !

ANTIOPE.

Désormais je ne respire
Que l'amour, mon cher amant !

SILÈNE.

Ma colombe ne respire
Que pour moi, son cher amant !

L'AMOUR.

Sa colombe ne respire
Que pour lui, son cher amant !

JUPITER.

En lui seul elle respire !
Quel supplice ! Quel tourment !

L'AMOUR, bas, à Jupiter.

Tu sais ce qu'il en est. Ta disgràce me touche.
Console-toi, cher maître !

L'Amour s'éloigne, laissant Jupiter qui bientôt lui-même sort de scène.

SCÈNE IV

SILÈNE, ANTIOPE.

SILÈNE, à part.

Elle est un peu farouche;
Mon triomphe est certain, mais il faut l'ajourner.

Haut.

Antiope !

ANTIOPE.

Quoi donc ?

SILÈNE.

Auprès de toi j'oublie,
Ma reine si jolie,
L'heure sainte du déjeuner.

ANTIOPE.

Déjeunons ! je suis prête.
Vous avez faim ?

SILÈNE.

Souvent !

ANTIOPE.

Vous avez soif ?

SILÈNE.

Toujours!

Et j'invite Bacchus au festin des amours.

A part.

Elle a perdu le cœur, elle perdra la tête.

ANTIOPE.

C'est moi qui mettrai le couvert.

SILÈNE, à part.

J'aurai ma revanche au dessert.

ANTIOPE.

Je veux des fruits, des abricots, des pêches!

SILÈNE.

Ta joue aurait suffi.

ANTIOPE.

Des figues, des noix fraîches!

SILÈNE.

Je te promets des fruits de toutes les couleurs.

ANTIOPE.

Prenez du lait!

SILÈNE, dédaigneux.

Breuvage fade !
Bon tout au plus pour un malade!
Je vais chercher du vin.

ANTIOPE.

Je vais cueillir des fleurs.

Antiope sort.

SCÈNE V

SILÈNE, JUPITER.

Au moment où Silène va quitter la scène, Jupiter lui barre le passage et l'aborde.

JUPITER.

Silène!

SILÈNE, surpris.

Quoi?

JUPITER.

Deux mots!

SILÈNE.

Je suis pressé. Pardonne!
Tu comprends, Jupiter; un rendez-vous d'amour!
C'est le premier que l'on me donne,
Je ne veux pas manquer mon tour.

Silène veut s'esquiver. Jupiter le retient d'un geste brutal.

JUPITER.

On t'aime donc?

SILÈNE, complaisamment.

C'est mieux encore;
La pauvre enfant m'idolâtre, m'adore!

JUPITER.

Et tu m'oses le dire! Ah! monstre! Sac à vin!

SILÈNE.

Est-ce là, Jupiter, un langage divin?

JUPITER.

Cette fleur de beauté, de grâce, de tendresse
Subirait d'un vieillard la honteuse caresse!
Ah! tu te fais aimer! Apprends à m'obéir!
Je t'ordonne à présent de te faire haïr!
Ce sera plus aisé.

SILÈNE.

Mais, Jupiter, je l'aime!

JUPITER.

Tu sais ma volonté suprême.
J'aurai les yeux sur toi.
Tu n'es pas assez laid, paraît-il, mais je jure
Que si tu n'obéis sans retard à ma loi,
Je mettrai sur ton corps une telle figure
Que tu seras l'horreur de toute la nature.

SILÈNE tremblant, à part.

Maître jaloux! Tyran maudit!
Il le ferait comme il le dit.

JUPITER, apercevant Antiope qui revient.

Antiope revient!... Reste, je te l'ordonne.

Silène une fois encore a voulu s'enfuir; sur l'injonction de Jupiter, il reste
immobile et tremblant. Jupiter se retire.

SCÈNE VI

SILÈNE, ANTIOPE.

ANTIOPE, elle tient des fleurs et s'arrête étonnée de voir Silène.

Vous êtes encor là?

SILÈNE, troublée.

J'ai réfléchi, mignonne.

A part.

Un morceau si friand, un minois si gentil !
Quel malheur !

ANTIOPE.

Qu'avez-vous ?

SILÈNE, à part.

                    La force m'abandonne.

Haut.

Je n'ai plus d'appétit,
Plus faim, plus soif! plus rien ! Je suis d'humeur maussade
Et me sens tout malade.
Je vais me mettre au lit; l'air du soir est malsain.

                    Il veut s'éloigner; Antiope le retient.

ANTIOPE.

Il est midi.

SILÈNE.

Tu crois ?

ANTIOPE.

Cherchons un médecin.

SILÈNE.

Je hais les médecins comme la médecine,
Et leurs médicaments, une affreuse cuisine.
Ces gens-là quelque jour tueront les immortels;
Et seuls les héritiers leur doivent des autels.

ANTIOPE.

Voici des fleurs que dans la plaine
Je viens de vous cueillir, mon bon, mon beau Silène.

                    Elle se rapproche de Silène et le couronne de fleurs.

SILÈNE.

Pourquoi cueillir des fleurs ?

ANTIOPE.

Cueillez mieux : le baiser
Que ce matin encor je voulais refuser!

Elle tend sa joue à Silène.

SILÈNE, brusquement.

Moi ! jamais ! que plutôt je meure !

A part.

Ah ! pour me cajoler, elle prend bien son heure !

ANTIOPE, inquiète.

C'est un jeu, n'est-ce pas ?

SILÈNE, piteusement.

Non ! Le maître aujourd'hui
A défendu d'aimer et n'en veut que pour lui.

ANTIOPE.

Vous juriez, et j'avais plaisir à vous entendre,
De m'aimer pour jamais de l'amour le plus tendre.

SILÈNE.

Oh! je disais cela pour plaisanter, enfant.

A part.

Je crois sentir que mon nez se déforme
Et qu'il s'allonge énorme
Comme une trompe d'éléphant.

ANTIOPE.

Vous me preniez les mains.

SILÈNE, à part.

Ah! des langues pareilles
Aux femmes, quand hélas! le maître a deux oreilles!

3.

ANTIOPE.

Vous soupiriez des mots charmants.

SILÈNE, très haut et se tournant vers le bosquet où s'est caché Jupiter.

N'en croyez rien!

ANTIOPE.

Vous prolongiez sans fin cet aimable entretien.

SILÈNE, même jeu.

Ce n'est pas vrai!

ANTIOPE.

Qu'est-ce donc qui se passe?
Et qu'ai-je fait, dites-le-moi,
Pour mériter cette disgrâce?
Vous ne m'aimez donc plus?

SILÈNE, à part.

Mon pauvre cœur, tais-toi!

Haut, hésitant.

Eh bien! non! plus du tout!

ANTIOPE, éclatant.

Perfide! lâche! infâme!

SILÈNE, à part.

Encore des compliments! sans que je les réclame!
Il paraît que c'est la saison.

ANTIOPE.

Je souffre! Ah! ah!

Elle pleure et sanglote.

SILÈNE, à part.

Je fais pleurer des yeux de femme!

C'est affreux, mais flatteur.

Haut.

Faut-il désespérer?

Écoute-moi!

ANTIOPE.

Non! non! Je veux pleurer.

Silène a voulu la retenir, elle lui échappe et s'enfuit tout en larmes.

SCÈNE VII

SILÈNE, puis JUPITER.

SILÈNE.

L'amour empoisonne ma vie.
Quel prix en espérer? Qu'on me le dise! Aucun!
En attendant, je suis toujours à jeûn;
Et j'enrage, la table était si bien servie!

Entre Jupiter, absorbé et sombre.

A Jupiter

J'ai fait ce que j'ai pu, Jupiter, tu le vois.

JUPITER, durement.

Silène, sors de ma présence!

SILÈNE.

Tu peux être assuré de mon obéissance,

A part.

Et bien volontiers cette fois.

Il sort.

SCÈNE VIII

JUPITER.

Elle a pleuré pour lui ; c'est le dernier outrage.
       Qu'est-ce donc que ma rage
     Attendait pour fondre sur eux ?
Silène est mon rival ! et mon rival heureux !

Jupiter ! Jupiter ! Que ta colère éclate !
      Déchire le cœur d'une ingrate,
Ce cœur pour un rival, si prompt à s'enflammer,
     Ce cœur cruel qui ne veut pas t'aimer !
    Pourquoi tarder ? Il est temps, lâche, donne
Le signal de sa mort. Parle ! Commande ! Ordonne !
       Hélas ! maître inhumain,
       Tu le voudrais en vain !
     Tes fureurs ne sauraient l'atteindre,
Ton courroux impuissant à ses pieds va s'éteindre ;
Son regard briserait les foudres dans ta main !

       Amour, c'en est fait, tu l'emportes !
       En vain je t'ai fermé les portes
       De mon empire radieux !
       C'est moi qui pleure ta disgrâce,
       Jupiter implore sa grâce ;
       Et seul tu règnes sur les dieux !

Jupiter accablé et gémissant se laisse tomber au pied de l'arbre où l'Amour était
enchaîné.

SCÈNE IX

JUPITER, L'AMOUR.

L'AMOUR, il rentre et s'approche de Jupiter en riant.

Bravo! maître! Merci! J'aime mieux ce langage.

JUPITER.

Encor toi! Toujours toi!

L'AMOUR.

            C'est mal me recevoir
Et l'on dirait, je gage,
Que tu n'as pas grand plaisir à me voir.

JUPITER.

Hélas!

L'AMOUR.

Dieu tout puissant! Dieu grand! Dieu redoutable
Ce matin comme toi j'ai poussé des hélas!
            Que tu n'écoutais pas,
        Mais d'une voix moins lamentable.

JUPITER.

    Ne suis-je pas assez humilié?
    Peux-tu garder quelque rancune?
Je dois faire pitié!

L'AMOUR.

        Tu ne m'en fais aucune!
    L'as-tu donc oublié!

Je suis un méchant, un impie!
Il est trop juste que j'expie.

JUPITER.

Ah! j'étais insensé.

L'AMOUR.

Je suis un monstre affreux;
Et je me réjouis aux pleurs des malheureux.
Tu ne prévoyais pas ces vengeances prochaines.
Que ne prends-tu mes chaînes!
C'est un juste retour,
Maître, chacun son tour!

JUPITER.

Je demande merci. Prononce la sentence!
Mais que la paix règne entre nous!

L'AMOUR.

Il faut d'abord te mettre en pénitence,
Vite à genoux!

JUPITER.

Moi! moi!

L'AMOUR, impérieux.

Sans doute, à deux genoux

Jupiter s'agenouille.

C'est parfait! Maintenant répète,
Tout en baissant la tête,
Comme fait un enfant repentant et confus:
Je ne le ferai plus.

JUPITER.

Je ne le ferai plus.

L'AMOUR, riant.

Ah! ah!

JUPITER.

Tu ris?

L'AMOUR.

Laisse-moi rire!
Et lève-toi, tyran qui voulais me proscrire!

JUPITER.

Tu m'as donc pardonné ?

Jupiter se relève.

L'AMOUR.

Oui, je te crains si peu,
Et cette fois j'excuse ta démence.
Mais j'entends que jamais elle ne recommence.
Si tu jouais encor ce jeu,
Sache bien que l'Amour te réserve un supplice
Qui n'eut jamais d'égal;
Ta Junon serait ma complice:
Je te condamnerais au bonheur conjugal!

JUPITER.

Parle-moi d'Antiope !

L'AMOUR.

Antiope est trop belle
Pour ne pas mériter les plus belles amours.
Déjà ce cœur rebelle
S'est entr'ouvert... A toi d'y régner pour toujours!
Plus n'est besoin de mon secours.
Soutiens l'honneur de la famille !
J'ai pour mère Vénus, et Vénus est ta fille.
Relève, Jupiter, ce beau front radieux!
Le nectar est fait pour les dieux.

L'Amour sort.

SCÈNE X

JUPITER, puis ANTIOPE.

JUPITER, un moment seul. Il voit venir Antiope.

C'est elle! Je la vois!

ANTIOPE, sans voir Jupiter.

Quel vide en ma pensée!
Pourquoi cette douleur encor mal apaisée?
Qu'ai-je dit? Qu'ai-je fait?... Sans doute, j'ai rêvé,
Car je sens le regret d'un rêve inachevé.
Il n'est rien que je me rappelle,
Sinon que tendrement, dans ce rêve joyeux,
On me disait : Vous êtes belle!
Et que bientôt des pleurs s'échappaient de mes yeux.

JUPITER, s'avançant.

Oui, bien belle en effet!

ANTIOPE.

Qui donc est là?

Elle se dispose à fuir.

JUPITER.

Do grâce,

Ne m'abandonne pas!
Suis-je accablé d'une telle disgrâce
Que tu fuis pâlissante au seul bruit de mes pas?

Si tu me fuis, ma douce étoile,
C'est le ciel même qui se voile.
Par pitié, demeure un instant;
Je t'aime tant!

Rien dans le ciel, rien sur la terre
Ne saurait vivre solitaire.
L'homme qui sait aimer le mieux,
          S'égale aux dieux.
O folle ivresse! ô joie immense
C'est par l'amour que tout commence,
C'est par l'amour qui nous bénit
          Que tout finit!

ANTIOPE.

Ah! Seigneur, je vous en supplie!
Laissez-moi, j'ai peur, laissez-moi!

JUPITER.

Pourquoi? ma charmante, pourquoi?
L'amour dans ton cœur en émoi
Chante une chanson si jolie!

ANTIOPE.

Non! Seigneur, je vous en supplie

JUPITER.

Rassure-toi! Rassure-toi!

ANTIOPE.

Laissez-moi! j'ai peur, laissez-moi!

JUPITER.

C'est l'heure de l'amour, l'heure sainte et propice;
Tout des jeunes amants va se faire complice.
Zéphyr qui nous entends causer d'amour tout bas,
Efface en soupirant la trace de nos pas!

ANTIOPE.

Je tremble!

JUPITER, plus pressant.

Mon bien! ma vie!
N'est-il pas vrai? Tu m'aimeras.
Un dieu charmant nous y convie,
Viens sur mon cœur! Viens dans mes bras!

ANTIOPE.

Ce dieu charmant qui nous convie,
Hélas! a fait bien des ingrats.
Toute mon âme est asservie
Je m'abandonne dans ses bras.

Jupiter entre Antiope égarée et toute tremblante.

JUPITER.

Tu m'aimes?

ANTIOPE.

Oui, je t'aime
Je t'ai donné mon cœur;
Et j'ai plus que toi-même
Souffert de ma rigueur.

JUPITER.

Tu m'aimes?

ANTIOPE.

Oui je t'aime!
Mon amant, mon vainqueur!

JUPITER.

Les longs hivers moroses
Ne sont plus faits pour toi!
Mais que tes lèvres roses
S'abaissent jusqu'à moi!

ANTIOPE.

Oui, je t'aime, je le jure!

JUPITER.

Un seul baiser, je t'en conjure!
Voudrais-tu me le refuser?
Il est pour nous, je te le jure,
Tant de bonheur dans un baiser.

Antiope vaincue s'abandonne aux bras de Jupiter.

ANTIOPE, languissante.

Que de bonheur dans un baiser!
Ah! c'est la mort!

JUPITER.

Non! c'est la vie!

JUPITER, ANTIOPE.

C'est l'aurore d'un nouveau jour!
Tout le présage et nous convie!
C'est le bonheur et c'est l'amour!

LE CHOEUR, hors de scène.

Chantons l'amour qui nous guide
Et préside
A nos plaisirs les plus doux.
Chantons l'amour! Chantons tous!

SCÈNE XI

JUPITER, ANTIOPE, CHŒUR DE NYMPHES, DE
BERGERS ET DE FAUNES, puis SILÈNE, puis
L'AMOUR.

Entre un cortège nombreux de Faunes, Nymphes, de Bergers et de Bergères.

LE CHŒUR.

L'Amour grise et nous entraîne,
Plus rapide que le vent.
Il fait chanter la Sirène
Que berce le flot mouvant.
Combien courtes sont les heures
Qu'il nous égrène joyeux;
Et les lois sont les meilleures,
Que nous dictent deux beaux yeux.

JUPITER.

Et Silène?

Entre Silène la tête basse. — Orchestre.

SILÈNE.

Présent!

JUPITER.

Mais pourquoi cet air morne?

SILÈNE.

Mon désespoir ne connaît plus de borne.

JUPITER.

Silène, où vas-tu donc?

SILÈNE.

Où je vais? Me noyer!

JUPITER.

Dans l'eau ?

SILÈNE.

Oui, dans l'eau claire!

JUPITER.

C'est affreux!

SILÈNE.

C'est horrible!

JUPITER.

Il faudrait essayer
De quelque autre noyade et qui soit mieux te plaire.

SILÈNE.

Non! je succombe à tant de maux ;
Je ne vois plus rien qui me plaise.

JUPITER.

Viens souper avec nous et pille mes caveaux!
Je te promets des vins que je crois sans rivaux ;
Et tu pourras t'y noyer à ton aise.

SILÈNE.

C'est là parler! Bravo, maître divin!
Et vive Jupiter! et vive le bon vin!

Entre l'Amour.

L'AMOUR.

Je viens à ta noce, cher maître.

JUPITER.

A la place d'honneur l'Amour ira se mettre.

L'AMOUR.

Consacrons ce beau jour d'un bonheur partagé.
A Jupiter vengeur !

JUPITER.

Non ! à l'Amour vengé !

JUPITER, L'AMOUR, ANTIOPE, LE CHŒUR.

Chantons l'Amour qui nous guide
Et préside
A nos plaisirs les plus doux !
Chantons l'Amour ! chantons tous !

Jupiter et Antiope se tiennent étroitement enlacés. Silène se coiffe d'une couronne de roses. Faunes et Nymphes les entourent.

FIN.

IMPRIMERIE CHAIX, RUE BERGÈRE, 20, PARIS. — 28064-12-90.

Paris. — Imprimerie J. Cathy, 3, rue Auber.

www.ingramcontent.com/pod-product-compliance
Lightning Source LLC
LaVergne TN
LVHW022019080426
835513LV00009B/795